I ♈

ISHII YUKARI

石井緣

處女座

VIRGO

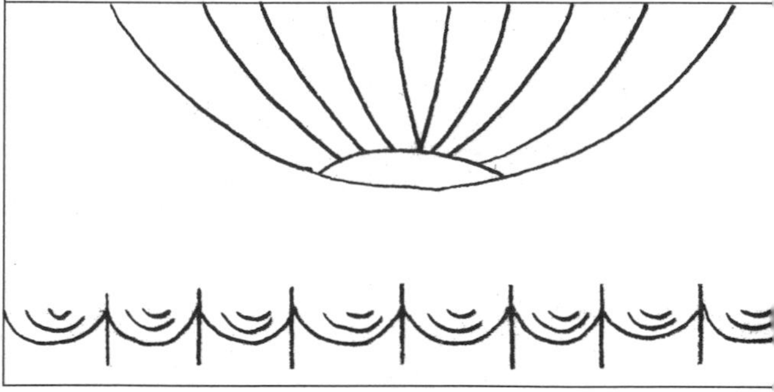

作者／石井緣（Ishii Yukari）

作家。撰寫星座相關訊息與散文，以獨特的文體在不分年齡層的讀者間擁有高人氣。

二〇一〇年設立網站「鍛鍊肌肉」（筋トレ）。充滿情感的文章說明每年與每周的十二星座占卜，點擊率高達七千二百萬人次。

二〇一二年所出版的「十二星座系列」（WAVE出版）銷售超過一百二十萬冊。

另著有《禪語》（PIE International）、《獻給所愛的人》（幻冬社Comics）、《讀夢》（白泉社）等作品。

譯者／戴偉傑

曾任出版社編輯、譯者。目前爲文字工作者。

石井緣的星座定義

本書透過十二星座的占卜，說明「處女座」的人住在何種世界。

所謂占星術就是將天空分爲十二等分，從十顆星體通過天空的位置關係來分析事情發生的意義或可能性。這「十二等分」就是「十二星座」，十顆星體則分別是太陽、月亮、水星、金星、火星、木星、土星、天王星、海王星與冥王星。「十二星座」就如同時鐘的數字盤，在這時鐘上繞行的時針就是這十顆星體。記錄這些時針在某一瞬間的狀態就是「星座命盤」。「星座命盤」完全記錄人出生的那一瞬間到未來的所有樣貌，可以說一個人出生時所形成的星座命盤就說明了這個人的一生。

命盤中的十顆星體都被冠上神明的名字，例如水星是「墨丘利」，代表商業與溝通的神明；金星是「維納斯」，代表美麗與愛情的女神。總之，可以說這些星星都被擬人化。另外，十二個星座就如同不同的地區或國家，各有不同的「民族性」。十位神明因其所處的星座位置而具備該星座的「民族性」特色。這十位神明所共同參與的戲劇，或是這十位神明所形成的「一家人」，就象徵著一個人的特質或一生。

「我是處女座」，正確來說應該是「我出生的時候，太陽位於處女座」。十顆星體中只提太陽所處的位置，但其他的星體可能會落在處女座以外的位置。舉例來說，就算太陽位於處女座，但若金星落在獅子座，表示這個人對於愛情與美的品味具有獅子座的特質；若水星位於天秤座，表示就算這個人是處女座，其說話的方式也會像天秤座的人。因此，本書的內容不見得只限處女座的人閱讀。

雖說如此，太陽畢竟是十顆星體中最大的一顆，而且也控制著太陽系，所以太陽代表一個人基本的價值觀與行爲模式、意志力的呈現。因此，占星術認爲太陽所處的星座特性最能代表一個人的最根本性格。

★星座的交界★

「每一本雜誌說我的星座都不一樣」和「我的生日位於獅子座（或是天秤座）與處女座的交界」，這樣的人可以根據自己出生的年月日時確認自己的太陽星座。請參考本書最後的太陽星座查詢表。

Contents
目錄

處女座

石井緣的星座定義……04
處女座的風景……10
處女座的分類……16
屬於處女座的地點……20
屬於處女座的顏色……22
其他屬於處女座世界的事物……23
處女座的價值觀……25
處女座的行爲模式……29
處女座Tips……32
處女座厭惡的事物……35
讓處女座自在與侷促的地點……37
當處女座戀愛時……39
當處女座沮喪時……42
讓處女座發揮才能……44
處女座失敗的傾向……48
處女座的魅力和體質……50
支配處女座的星星……51
處女座的神話……52
處女座名言……55
處女座與其他星座的人……60
理解處女座的人……68
處女座的小孩……70
未來……73
結語……75
太陽星座查詢表……78

處女座的風景

處女座在十二個星座中排第六個位置。

十二星座可以比喻爲人生的各個階段。

首先是第一個星座，牡羊座代表人類的「誕生」，象徵朝氣而純粹的生命力。接下來是金牛座，代表運用手、腳、口等五感與外界接觸的階段，因此金牛座的人五感發達，對於舒適的美特別敏感。第三個階段是雙子座，在這個階段開始與周圍的人溝通，並且處理語言與認知。然後是巨蟹座，這時終於形成「自己的世界」，透過與身邊人們的連結與經驗，在內心中建立自己的生活空間。到了獅子座階段，獨自衝出習慣的環境，在外面的世界大展身手，是展現自我的星座。

再來就是處女座。

處女座意味著人從家中走到外面的世界，在外面「累積經驗」的階段。以年齡來說，大約就是穿制服的求學階段或是學徒實習的時期。

以天眞而純潔的心實際接觸外面的世界，透過感覺學習各種事物並且確實地刻畫在心中。內心燃燒著成長的欲望，運作著新鮮的感性力量，任何小事都不放過。

哪種做法最具效果？該怎麼做可以做到最好？處女座透過經驗找尋，從找尋中發現並學會自己獨有的做法。這就是處女座。

那樣的成長欲望來自於自己引以爲傲的自尊，與對世界無止盡的好奇心。非常知性。不過，這個「知性」並非線性，而是平面、立體，甚至可說是流動性的。以邏輯來說，就像是以意義切割實體或事實的刀刃，但處女座的知性又有些不同。

舉例來說，處女座的人會蒐集並累積許多資訊，將各種事實像螺旋般鋪陳，試著以整體的事實呈現某種意義或世界。雖然討論到最細微的部分，但不評斷；雖然分類，但不做出最終的定義。這是因爲我們應該注意的是不斷改變的動態狀態。

處女座雖然極富批判精神，不過他們的批判通常都是「紙上談兵」。對於無視現實的思想或理論，他們擅長從事實中提出反例反駁。處女座具有瞬間看出他人特色的能力，也善於對他人做出評價。不過，處女座的「評價」一定會保留改變的可能性。他們不會斷定「那傢伙就是那樣的人」，他們只會堅持他們的態度，說：「那個人也有這一面呀。」

處女座具有強烈的自尊心、豐沛的責任感，也會善盡自己的義務。

處女座好助人，討厭自以爲是。他們不期待別人的讚賞，但希望從對方的變化中看到自己的影響力。因此，處女座擅長培育他人，也擅長想出方法。由於他們不會忽略小細節，任何事都會仔細處理，能將成果做到非常細節。處女座的人非常有禮貌，是實幹型的人。就算說出他們的成就，他們也不會引以爲傲。大部分處女座的人讓人感覺就算處於輕鬆的氣氛中，也會表現得中規中矩。

處女座通常會從「自己做得到的事」產生創意。由於他們會努力不懈，所以能累積極大的力量，也容易成爲具有專業技能、位於最前線展現專業的第一人選。處女座不會無謂地造勢、激動或好勝，會自然地累積知識並且持續檢討細節。

另一方面，處女座也是具有非常獨特感性能力的人。

雖然他們具有卓越的五感，不過他們會鍾愛一些非常庸俗、沒有人會多看一眼的東西。有時他們也會鍾情於所謂「品味差」的東西，易被沒有人在意的東西吸引。

處女座對於所謂角色扮演、布偶等「看不到眞面目的東西」很感興趣。雖然他們平常比較喜好傳統事物，不過在活動或慶典中，有許多處女座的人會下定決心想要上台表演，這也是處女座令人感到不可思議的特色之一。

許多處女座的人具有創意、手巧，他們做出來的作品通常都能注意到細節並且具有多種元素。然而，這樣的主題也經常會讓觀賞者產生「為什麼做出這種東西」的疑惑。

處女座對於手工藝或是「製作」感興趣，擅長栽種植物，對於室內裝潢也很講究。他們醉心於職人工藝，極為喜愛製作精密的物品。處女座對於素材具有博物學、分類學的探究心態，會徹底瞭解詳細的組合元素。

處女座的人既纖細又敏感，就算是些微的刺激也會引起他們的強烈反應。因此，容易成爲悲觀主義者或是憂鬱症患者，總是感到不安，或是不容易對自己有信心。這種「對自己沒有自信」的感覺其實是「對現實沒有反應」的感覺。處女座的內心對於自己的存在或可能性抱有堅定的自信，本來應該是相當有自信的人，但是他們卻也經常沒有意識到自己內心所擁有的「堅定自信」。

當自己認爲理想的狀態或感覺「這點小事應該辦得到」的想像與現實中的成果無法契合時，處女座就會陷入深深的沮喪或心情浮動，這是源自於處女座認眞的性格。就算是自己的事情，他們也不會過度樂觀地直接面對。處女座無法忽視或敷衍現實的狀態，因爲在本質上，他們是內心中總是抱持著無法「驕傲自大」的認眞性格。

處女座的分類

十二星座被分爲幾大類。

處女座所屬的分類如下所述。

首先，十二星座可以分爲「基本宮」、「固定宮」與「變動宮」等三大類，這是對照季節變化所做的分類。「基本宮」是「季節的開端」，象徵新事物的開始，揮別過去的季節也呈現變化的氣勢。「固定宮」代表季節最盛的時期，盡量保持這季節最好的部分，屬於此分類的星座討厭變化，喜歡以自己的步調前進。「變動宮」代表「換季的時期」，是充分享受某季節後，凝視著下一個季節到來的階段。

處女座在這三個分類中屬於「變動宮」，位於夏末秋初的交界處。這個時節不僅具有夏天耀眼的光輝與熱度，也具有秋天纖細的樣貌與豐盛的果實。

這個星座擅長分辨潮流與順應潮流，比起自己主動開始做些什麼，他們還比較傾向於被動地接受他人的請求後做出反應。

處女座態度柔軟，容易適應變化，擅長同時進行兩件以上的事情或是將數件事重新排列組合。在變化之前，他們會顯現內心的不安，不過一旦投入就會確實堅韌地行動絕不氣餒，是一個擁有柳枝般堅韌性格的星座。

此外，十二星座又可分為「火、土、風、水」等四大元素。火象星座代表「直覺、熱情、生命力」，土象星座代表「五感、物質、價值、現實主義」，風象星座代表「思考、關係、溝通、邏輯」，水象星座代表「情感、共鳴、融合、目的地」。

處女座在此分類中屬於「土象星座」。「土象星座」象徵音感、色彩感覺、嗅覺、觸覺等「五感」。處女座的五感細膩而敏銳，這樣的才能也能結合具藝術性的活動。他們具有優秀的審美能力，講究品質好壞，深知「便宜沒好貨」的定律。他們也具有做生意的頭腦，鮮少讓自己陷入太大的風險。除了累積知識與資訊，他們也具有蒐集各項良品的傾向。

處女座富於現實感，傾向於從體驗過的事實確實學習。許多處女座的人擅長計算，計算出來的數字一定能夠與實體結合。比起抽象事物，他們更擅長具象事物，想法更具體也更切合實際。有的處女座會像糟蹋身體般地鍛鍊自己的肉體，也有人甚至對於加強肉體的訓練樂在其中。

另外，十二星座又可分為「白晝星座與男性星座」以及「夜晚星座與女性星座」。

「白晝星座與男性星座」著重於邏輯、切割力與理性；「夜晚星座與女性星座」屬於感性、歸納與愛欲。男性星座象徵「相對評價、成果主義、縱向切割、專家」的世界；女性星座象徵「絕對評價、橫向的、管理、通才」的世界。

處女座屬於「夜晚星座與女性星座」。

他們不會以邏輯的力量切割事物，而是個別評判每件事物的優劣，擔負起歸納整體的責任，也絕對不會簡單地比較後，就決定捨棄較弱的部分。他們的評判根據不會只有一項，而是多方參考之後才做出評論。他們相信成長，也擁有等待變化的能力。

有時候處女座會呈現悲觀且消極的態度。不過，這個星座能夠透過優秀的實務能力，將不可能化爲可能。

屬於處女座的地點

處女座象徵以下這些「地點」。

圖書室、書庫、研究室。

藥局、藥品庫、衣櫥。

酪農場、麥類等穀物農場。

乾草堆、糧食倉庫。

圖書館或博物館等積蓄知識的地點能深深滿足處女座內心。另外，處女座也是象徵「收穫」的星座，所以食品，特別是與穀物有關的地點都可能喚醒處女座的生命力。

處女座也是擅長「協調」的星座。分類各種藥品的倉庫、分類東西的架子或是調配墨水、調味料的地點都能夠穩定處女座的內心。

「大地」與處女座具有親密的關係。

能夠感覺到土地溫暖的地方總是能夠洗滌處女座的內心。

屬於處女座的顏色

與處女座有關的顏色是深藍、天空藍、藍色。鴿子頸部天空藍夾雜灰色又帶點光澤的顏色。混紡織品的顏色、桃紅色等等。

處女座的顏色不是簡單易懂的單一顏色，而是具有成熟或品味的微妙深色。重疊數種顏色的色彩屬於處女座的世界。

另外，處女座與「制服」也有密切關係。乾淨的棉花顏色、沉穩的藍色、藏青色、米色等學校制服會採用的顏色與處女座的世界非常契合。

其他屬於處女座世界的事物

木棉、麻等植物製成的布、讓人感覺乾淨的顏色。

眼鏡、書本、綁書帶。

學校、圖書館、領口的飾帶。

調味罐架、調和瓶、試管。

湯匙、白色衣服、熨斗。

筆記本、食譜、資料。

計算機、專業書籍、辭典。

行銷、鑑定。

手工藝、女紅、模型。

研磨、修繕、加工。

百褶裙、白襯衫、手套。
飼養寵物、卡通造型商品。
老師與學生、師傅與學徒。
練習、訓練、技術、工匠。
必殺絕技、藥效、儀式、工作手冊、說明書。
智慧、眼光、關懷、「機靈」。
哈比人、繪本、森林中的小屋、果實。

假設以上這些東西都是處女座國家的居民，
那麼處女座的你也跟他們一起居住在這個國度裡。

處女座的價値觀

處女座的價値觀分爲兩個面向。

一面是非常現實、嚴肅。他們貫徹現實主義，絕對不做白日夢，盡可能確實地前進。大部分的處女座在人生的早期階段就已經決定方向，他們不會說些模糊的理想，也不會空口說白話。

然而，另一方面處女座也有奇妙的超現實的一面。

不設防地相信自己的想像，對於想要的東西或喜歡的事物，他們會無邊無際地投入，不肯放手。由於他們運用敏銳的感受力於夢想的各個角落，所以也可能成爲「做夢的小孩」。不過，這樣的狀態絕非夢想家不願面對現實而形成，相反，他們正是看透現實，所以深深地被夢想與現實之間的差距所傷。

如同「處女座」的名稱，他們的價値觀與現實中少女的想法很類似。「少女」並不像字面上柔弱而嬌羞的形象，實際上少女的想法既嚴肅又現實，讓大人感到驚訝；同時，她們的腦中卻又描繪著純潔無瑕的夢想。少女擁有的尖酸銳利與純潔的天眞浪漫，實在反映出處女座內心的構造。處女座對於得失的感覺極爲敏銳，不過不會因此而想要控制他人或是獲得勝利。倒不如說，他們希望優游於自己美麗而纖細的夢境中。其實，這也是他們對於未知世界的恐懼所呈現的內在反應。

正因爲敏銳所以感覺不安，他們會試圖盡全力解除這樣的不安感。處女座的「努力」是爲了確定自己的力量在現實生活中是否眞能生存的一場實驗，也或是爲了回應自己有形或無形的期待而呈現的純潔、過度認眞的責任感。

正因爲處女座擁有無私的心，他們希望自己眞的對他人有幫助。無論對方是誰，他們都會將自己透過纖細的感性與高度知性所看透的事物毫不保留地告知對方。當這樣的行爲被誤解爲責備或批判時，他們也經常會被貼上「刻薄且不好相處」的標籤。

處女座經常被視爲愛嘲諷他人且對他人嚴厲，其實他們不是惡意的，這只是他們不高明的善意表現。處女座的建議經常會嚴重地傷害別人，這是因爲他們的建議是眞正的眞實，也是對方致命的弱點。

處女座的五感與頭腦直接連結，因此他們會如實地反應他們所看穿的一切事物。身體就是頭腦，頭腦就是身體。

正因爲擁有這樣的機制，處女座會毫無保留地誠實。對於誠實溝通而感到煩惱的人會逐漸學會保護對方的自尊心與自信心，然後，學會將自己察覺到的事物以對方容易接受的型態傳達給對方。學會這種能力的處女座無論身在哪種領域，都將成爲無可匹敵的教育家。

處女座確實經營自己的生活與事業，以自己的雙手獲得成功的能力比其他任何星座都還要強。他們以柔軟纖細的感性接觸周圍的環境，能夠藉由卓越的實務能力確實提高自己的地位。

找出任何人都察覺不到的寶物或寶石，並將寶物或寶石置放於相得益彰的位置，這是處女座最擅長的技巧，這樣的技巧也讓世界逐漸變得豐富。

享受、欣賞或是讓什麼東西變有趣，這是處女座最大的才能，也是魅力所在。處女座不是等待「取悅自己」的人。在無趣的場合、司空見慣的東西、破爛堆中，處女座隨意地一點，那裡就會出現未曾見過的精靈或魔法。這就是從處女座堅定的現實主義中，閃耀出另一個無法想像價值觀的光輝。

處女座的行爲模式

比起帶頭行動，處女座多半會先觀看情勢之後才採取行動。由於他們較爲理性，所以能看準時機行動，不會喪失自己的主體性。就算沒有高聲宣揚自己的主張，也不代表他們沒有意見。倒不如說，他們堅定地抱持著內心的想法，同時試圖以行動或成果呈現這個想法。

比起居於領導地位，處女座較喜歡退居第二線。不過，他們好像比較容易成爲所謂的「幕後操控者」或「關鍵人物」。由於他們能夠掌握事情的細節也記得很清楚，自然會成爲重要人物。

就算有想做的事情或是想要的東西，他們也會調整旁人的意見與自己的期望。有時候就算不做自己想做的事情也能夠配合別人。不過，雖說如此，對於自己眞正喜歡或想做的事情，他們也有一頭栽入的傾向。基本上，處女座的人怕寂寞，把與他人接觸視爲必要。不過他們會先確實保護「自己在意的世界」，讓別人無法侵入這個世界。

處女座擅長參加集體行動。他們不太會孤立自己，能自然爲了周遭旁人而行動並建立自己的地位。由於他們能非常仔細地瞭解他人而且身段柔軟，故少在組織中樹敵。只是，當他們誠懇地評論他人或是給予建議時，其言詞的眞實性可能經常會激怒對方。

處女座中特別是被動型的人總是唯命是從，或是認爲對方決定之後自己才能夠行動。在潛意識中他們變得依賴，避免自己做判斷或爲結果負責。在這樣的情況下，他們對別人的批判就會變得激烈，或陷入「自己沒有做出任何決定，所以沒有錯」的想法。由於他們太過於敏感，一旦這種理性有所偏頗，許多事情就會變得無法順利進行。

精神上的敏感直接連結身體狀況，處女座感受到壓力時，身體健康容易受影響。另一方面，當他們即將完成某件重大工作時，他們就會展現無窮盡的堅韌毅力。就算強烈地感到猶豫或不安，一旦轉移到實際行動就會展現令人刮目相看的勇敢表現。面對抱持強烈恐懼的對方時，很奇怪地，他們也會讓對方看到自己毫無防備的面貌。處女座的人貼心周到，偶爾也會讓你看到他們粗心的那一面，真可愛。

處女座 Tips

處女座是喜歡道人長短或批評他人的星座，不過，他們絕不會指責別人。他們能夠竭盡所能地讚美昨天曾經極力批評過的人。若是一般人，他們的態度會是「那個人這麼差勁，所以我不喜歡他」。不過，處女座的世界是「那個人眞差勁呀」，僅只於此。無論多嚴厲地批評對方，處女座也絕不會「全盤否定」對方，這正是處女座驚人的能力。

就算與誰關係不好，經過一段時間之後，他們就會像無事般地對待對方，內心的「自癒力」非常強大。

處女座甚至不會拘泥對方的「現在樣貌」而愛對方。他們會以「那個人未來可能會成長爲那樣」的理由而與個性不好的人交朋友。在教育現場中，對於不好相處的小孩或是具有不良癖好的小孩，處女座都能夠公平對待，這是因爲他們不會忽略「變化的可能性」。

處女座認眞、誠實而且現實。不過，若說他們嚴守規則，那倒也不一定。他們詳細研究事理，經常在正義與非正義的夾縫中做出不偏向任何一方的選擇。由於他們對待「正義」或「誠實」的方式相當具有彈性，而且不會被邏輯性束縛，有時也會有「違反規則」的情況。

有時候處女座也會顯現尖酸或獻醜的面貌。一旦他們厭惡「虛有其表」的情感被強調，他們甚至會故意裝壞人。處女座的內心原本非常天眞，不過如果他們溫柔的內心被世俗的狡詐或矛盾傷害，他們就會呈現出乖僻的情感狀態。

無論是過去或未來，處女座都非常重視。他們會細細咀嚼腦中的回憶，想像未來的種種。纖細的感受一旦感覺疲累，他們就會變得極爲憤世嫉俗。不過，若好好地休養，他們又會恢復原有的閃亮光芒。處女座的健康管理非常重要，因爲他們是一群心靈與身體直接連結的人。

處女座厭惡的事物

處女座討厭紙上談兵或自以爲是的想法。

他們討厭不具實體的東西，也不喜歡虛有其表的華麗或盲目跟隨的東西。另一方面，他們也厭惡無視流行的古板態度。

處女座討厭自負或是活在自我滿足世界裡的人。他們通常憎恨描繪不符合現實夢想的人，也討厭只說不做的人。

對於沒有事實根據的推論、不具體的言論，他們會感覺憤怒。他們也厭惡光憑簡單的印象就評斷他人的事。

尖酸的言詞之外，其實處女座也是怕寂寞的人。他們擁有許多朋友，或是一定要與朋友一起行動。

處女座討厭不乾淨或凌亂，如果所處的環境沒有好好地整理，他們就會感到強烈的壓力。只是，雖說處女座愛乾淨，不過他們還比較喜歡具有生活感或喧鬧聲的環境。比起完全精練金屬感的都會環境，多多少少具有悠閒感的環境會讓他們感覺較為安心。

品質與實用性是處女座選擇時一定會參考的要素，處女座會避免選擇太貴或太便宜的東西。

與自己五感確實連結的東西才是處女座喜歡的東西，遠離人類身體感覺的東西不在處女座的考慮之列。

讓處女座自在與侷促的地點

處於人類透過經驗所建立且確實運作的系統中，處女座會顯得生氣勃勃。就像學校或辦公室這種確實管理的環境就是處女座喜歡的環境。但若這個環境的「管理」或「系統」過於僵硬，他們也會感覺痛苦，因爲處女座經常希望透過自己的方法來改善身邊事物的狀態。

對於土象星座的處女座而言，「綠色」非常重要。讓人感受到大地或土地的植物扮演著處女座心靈之窗的角色。光是在房間裡擺一盆仙人掌，處女座就會不知不覺變得開朗。

處女座能夠非常敏感地自覺身體狀況的好與壞。他們在意識上強烈地感受到健康狀況的變化。當身體狀況不佳時，他們會感到憂愁，身體狀況變好時，他們也會單純地開心。

如果身邊的人能夠輕鬆地接納處女座這樣的情緒起伏，處女座的人就能夠非常安心地生活。

當處女座戀愛時

處女座的戀愛總是與「結婚」、「現實」以及「生活」連結。開始一段新戀情時，「我會不會跟這個人結婚？」的問題會馬上浮現腦中。雖說如此，處女座也並非不浪漫的人。倒不如說，處女座是極端浪漫的星座。他們一定會慶祝各種紀念日，會送禮，也不會忘記舉杯祝賀任何值得慶祝的事物。

處女座在意自己所處的地位，也會打扮自己，就如同「處女」這兩個字的字面意義，他們是擁有「少女心」的星座。

即便如此，處女座的戀愛一定會與「能不能跟這個人一起生活？」的問題同時出現。他們會從對方的癖好、金錢觀、財力等各種角度冷靜地觀察對方。一旦判斷「沒辦法跟這個人一起生活」，他們就會清楚告知對方「我只是玩玩」，或事先言明「我沒有結婚的打算」。這樣的態度經常會深深地傷害對方的心，不過，對於處女座而言，他們是「盡量地誠實以對」。無論男女，能否負起責任是處女座戀愛時最重要的核心問題。

處女座的戀愛細膩，經常仔細地觀察。就算陷入熱戀，他們也會冷靜地說出對方的缺點，所以與處女座戀愛的人或許有點無法確定對方的感情，甚至內心會感到疑惑「他是眞的喜歡我嗎？」因爲處女座總是會一項項清楚地批判。不過，其實這是處女座對於愛情的表現，因爲他們總是「爲對方著想」。不過有時這也會導致雙方錯失良緣。

談戀愛時，處女座比較屬於技巧派，他們擅長製造機會縮短雙方的距離。比起用言語告白，他們多半會利用身體接觸或直接抱住對方，做出許多所謂「悶不吭聲的色鬼」之舉動。處女座無論男女都有強烈的戀物癖。

雖說如此，當他們陷入真正的戀情時，無疑地是會將「未來」列入考慮的可靠星座。

當處女座沮喪時

處女座沮喪時完全無法顧及他人。

他們會向情人、朋友或是家人求助，不停地發牢騷、落淚。當他們沮喪時，會將注意力集中在所有的倒楣事，「沒有一件事順利的」、「以後不可能會成功的」，像這樣全盤否定自己的人生。

如果他們發燒、腹瀉或頭痛，其實是精神的疲累直接影響肉體的反應，這也是處女座的特色。特別是處女座很多人腸胃都不好，一感到壓力就會腹瀉或是經常跑廁所。

另一方面，處女座擁有強烈的自癒能力。

當他們陷入連身邊的人也感覺不安的沮喪後，他們會自然地、安靜地完成應該做完的工作。之後踏實且確實地重新站起。

而且，雖然他們感到強烈的煩惱、不安，但是他們「不會懷恨在心」、「不會留下痕跡」。是他們忘記了呢？還是昇華了呢？其實外人無從得知他們腦內的機制。不過，就像所有枯葉都將歸於塵土而成爲滋養土地的養分那樣，或許處女座在什麼時候也將自己的不安、煩惱、沮喪等轉化爲大地的活力。處女座的創意透過經驗而強化，而那些悲傷、痛苦的記憶也都確實轉換爲養分而獲得重生。

讓處女座發揮才能

處女座優秀的知性與纖細的感受力緊密連結。

他們的知性不單單只是知性而已，感受力也不只是感受力而已。這兩者生氣蓬勃地確實攜手合作。喔不，說「合作」就太輕視他們了，其實這兩者幾乎已經合而爲一。

處女座感受到的事物傳遞到腦中，頭腦回饋給感覺器官，這樣的結合使得處女座擁有實務能力與執行力。而且，更進一步地呈現出創意與藝術的才華。

處女座的謹慎、對事情的仔細來自於「不太區分事物的大小」。若是一般人就會制訂優先順序，「這件事很重要，所以要確實辦好」、

「這只是一小部分，差不多就可以」。但是，處女座不會這麼做。無論小事或大事，他們都會視爲「同等重要」。也因此，最後他們的成果會像神經遍布肢體末端一樣，做出完美的結果。

處女座會充分地蒐集資料後才進行判斷，是一個誠實且愼重的星座，因此，處女座的意見自然會受到旁人重視。雖然當事者當時會毫不在意地當耳邊風，不過，後來就會發現原來處女座所說的確實是重要的意見。只是，由於處女座實在是太在意細節，所以周遭的人有時候也會迴避他們。一旦地位確定，處女座就會持續且穩定地產出期待以上的成果。

「守護、培育」也是處女座的才能之一，有時候甚至還有「治療」的能力。處女座不會把人視爲機械。大部分的人會認爲「如果我告訴對方，對方應該會聽吧」、「假如我教他們正確答案，他們應該就不會犯錯吧」，像這樣以機械式的反應來假設人類的行爲，所以他們會失敗。然而，處女座深知人類是緩慢的，以不可思議的血與肉組成的，他們知道眞正的瞭解是怎麼一回事，甚至，他們也明白「理解」與「能夠完成」之間的差距。

處女座無論對自己或對他人，都很擅長「透過訓練而成功」。他們會安排訓練的內容，重複訓練的過程並且確實關注。

處女座擁有培育自我的能力。而且，他們也能夠將這樣的能力應用在他人身上。

「創造」是處女座重要的主題之一。

繪畫、做小東西、縫紉、編織、織布、彈奏樂器、塑膠模型、雕刻等等，什麼東西都好，用雙手創造出任何形態的美麗事物時，處女座就會發揮驚人的集中力與美感。「手工藝」這個詞屬於處女座的世界。

處女座擁有如畢馬龍（譯註：希臘神話中具有才華的雕刻家。）般無可匹敵的技藝，能夠利用描繪美麗夢想的想像力在現實中成形並付諸實現。

處女座失敗的傾向

處女座失敗的原因幾乎都是「想太多」。

處女座具有蒐集各種資訊的能力，也會試著徹底分析這些資訊。由於這種作業的過程導致他們產生許多悲觀的想像。被悲觀控制、被不安束縛時，處女座就會失去面對現實的勇氣而想要逃離這一切。

選擇逃跑後，他們大概都會感到後悔。

由於知道責任有多重大，所以有時候他們也會在無意識中將責任轉嫁到別人身上。若是以他們平常的誠實與無私來看的話，這種做法可眞是無法想像的不負責任。這種行爲並非來自於他們的惡意或敷衍，而是他們過度敏感的認眞態度，導致他們做出這種「害怕與逃避」的行爲。

由於知道得太清楚了，所以無法向前踏出一步。或是，由於手上太多資訊反而看不到眼前現實的狀態。

在處女座的世界裡經常發生落入這種陷阱的情況，由於他們腦中想著「絕對不能失敗！」結果反而被自己絆倒。

因為不安而感到無法行動時，建議處女座的人盡量放鬆，尋求比自己樂觀的人的意見或許是個好方法。或者，試著避免想那件事也是方法之一。若想讓過熱的腦袋冷靜，要試著讓五感發揮作用。

特別是精油或薰香等需要精細的作業或調和等方法非常有效。這樣的「作業」會幫助處女座整理腦中凌亂的思緒。

處女座的魅力和體質

十二個星座各自對應身體不同的「部位」。

處女座對應的是腸胃、腹部。

由於處女座的感受力強，容易感到壓力或精神緊繃，這讓處女座容易覺得精神疲勞。這時，他們呈現出來的症狀就是「肚子不舒服」。

高腰的洋裝或是可愛的短裙特別突顯處女座纖細的身材，以朦朧、軟質的服裝材質覆蓋女性的線條能夠強調他們的清純與純眞。

有的處女座喜歡非常具有個人特色的風格。像這種情況，他們會將自己本身視爲某種表現手段，有一段時期他們也會將自己當成畫布進行「創作」。

支配處女座的星星

支配處女座的星星是水星。

水星象徵著知性、溝通、交通、書籍等。

水星是神話世界裡的「漢密斯」、「墨丘利」。

科學的神、旅人的神、商業的神，同時也是小偷的神。

水星執掌知性與關係，也象徵年輕。所以處女座無論到了幾歲，也多半會帶給人年輕的印象。

處女座的神話

幾個處女座的神話中，最有名的就是女神亞斯特萊雅的故事。

從前，人類與神明在人間和睦地過日子。然而，隨著時代的演變，人類開始產生占有欲，也開始爭鬥。神明爲此而感到憤怒，於是一個接著一個回到天上。

只有女神亞斯特萊雅一直留在人間，試圖教導人們何謂正義。但是，最後祂也對人類的愚蠢絕望，回到天上化身爲處女座。

祂手中拿著「天秤」量測善惡，這就是隔壁的天秤座。

人類的社會有制定法律，就連好事、壞事都決定得一清二楚。因此，只要參照法律，任何事情應該都能夠馬上分辨「好」、「壞」。理論上是這樣沒錯。

但是，現實中卻不是這樣。光是依賴規則是不行的。

正因如此，所以人類會進行「審判」。不只是檢視爭議的內容，還包括相關者的成長過程、當時的健康狀態甚至現在的情緒等等，驗證所有的事物之後才能夠做出「判決」。

在這個「審判」中進行極爲細微的人類的對話或調查，與處女座世界的思考方式幾乎重疊。

如果有量測善惡的天秤就能夠決定善惡，那就無需正義女神，只要天秤就夠了。

然而，那個天秤被寄託在不穩定地搖晃的女神手中。甚至，就算其他的神明都放棄人類，只有正義女神還堅持相信人類的可能性。祂瞭解人類會「改變」，也爲人類賭上這樣的可能性。

既不是正義女神決定善惡，也不是正義的天秤決定善惡，這樣的結構實在非常符合處女座的世界。

女神的手感受到天秤微細的搖動，這種纖細的感覺完全象徵處女座感受性的細緻程度。

處女座名言

「好了，確實拿好你的車票。你馬上就要離開這夢中的列車，在現實世界中的烈焰與驚濤巨浪中，你必須昂首闊步。銀河中那張唯一真實的車票，千萬不可丟失。」

（《銀河鐵道之夜》，岩波文庫／宮澤賢治）

這是日本知名童話故事《銀河鐵道之夜》中的一段。

與主角喬邦尼一起發誓要搭乘銀河列車到「天涯海角」的卡姆帕奈爾拉突然一個人去了「眞的很遠的地方」。結果，在一個人被留下來而悲傷哭泣的喬邦尼面前，布爾卡尼洛博士突然現身。

博士對於想跟卡姆帕奈爾拉同行的喬邦尼說了以下這段話：

「哎呀，沒錯。大家都這麼想，但是卻不能一起同行。而且，我們每個人都是卡姆帕奈爾拉。」

任誰都曾經在現實中面臨別離與苦難。描述處女座的世界時，一定會出現「現實」這兩個字，這是既痛苦又悲傷的世界。無論是多麼幸福的人生也會有別離、病苦、失去或是孤獨。此外，也一定會留下一些傷痛或煩惱。在人生中，經歷「如果不要出生在這個世界就好了」的痛苦一點也不稀奇。

凝視著這個現實並在現實中生存，這件事有什麼意義呢？

博士對於喬邦尼說了這句話：

「……唉，你看，那邊有顆昴星，你必須解開昴星上的枷鎖。」

「昴星的枷鎖」來自《舊約聖經》的〈約伯記〉。

爲了回應撒旦的挑撥，耶和華對於忠實於祂的僕人約伯施以各種苦難。耶和華奪去約伯的財產、朋友以及家人，讓他因病痛而受苦。約伯不明白自己爲何要遭受這些，於是以自身的清白發誓並向神挑戰。神對於約伯的挑戰說了一長串的答辯。

「你能繫住昴星的結嗎？能解開參星的帶嗎？」

《舊約聖經約伯記》／岩波文庫

「你」指的自然就是約伯。身爲人類的約伯當然無法挑戰宇宙的法則。所謂「昴星的結」指的就是天空的運行，神世界的規則，也是人類永遠無法知道的智慧象徵。

前面提到博士對於失去朋友的喬邦尼所說的那一段話中，「你必須解開昴星上的枷鎖」的訊息之後，還有進一步的解釋。

博士所說的「現實世界中的烈焰與驚濤巨浪」指的是我們活著時的生活。因此，我們也像約伯體驗痛苦一樣，體驗著相同的痛苦。疾病、凌虐、背叛、重要人物的死亡、貧窮、歧視，或是從被蟲叮咬到大地震的天災等等，我們在人生中體驗著各種不同的痛苦。

在那樣的生活中「昂首闊步」，你就會找到「眞眞正正的幸福」，博士是這麼說的。

無論是開心的事、悲傷的事，我們其實不明白那些爲什麼發生。不過，我們每天都在不斷經歷那些事物「當中」前進、體驗。

人的生命就是一張車票，我們手中緊緊握著這張車票，前往「眞正的世界」。在「眞正的世界」中眞實發生的所有事件，我們毫無差別地一件件仔細體驗。透過這樣的「實驗」，便能越來越接近「眞眞正正的幸福」。我覺得宮澤賢治在這裡闡述的就是這個道理。

體驗、現實，然後只能在這當中感受幸福與理想。

對於處女座而言，所謂「現實」並不是像散文般枯燥乏味的灰色世界。我們體驗的眼前的現實都藏著「昴星上的枷鎖」。當我們親手將這些鎖一個個解開，就能夠搭著銀河列車前進。

處女座就是知道這個祕密的星座。

處女座與其他星座的人

「配對占卜」是非常受歡迎的占卜項目。

「處女座與水瓶座不合？」「聽說雙魚座跟處女座是死對頭？」經常有人問我這類的問題。

我從來不認為星座與星座的組合有固定的「合或不合」。不過，某星座與某星座之間總會有共通點與相異點。如果不先瞭解這點，我想任何配對都不會相處愉快。

沒有人對於貓、狗「不會說人話」會感到生氣。然而，卻有許多人會因為對方的價值觀與自己不同而發怒。假如一開始多少瞭解對方的價值觀與自己的價值觀之差距，許多爭議或摩擦或許就能避免。

以下，我想來討論各星座之間的共通點與相異點。

牡羊座與處女座是完全沒有共通點的組合。

牡羊座是具有氣勢與生命力的星座，也是想要分清楚黑白的人。另一方面，處女座則希望掌握微妙、複雜與變化。

處女座溫柔地接納牡羊座樂觀且勇敢的生存方式，這是兩者之間所產生的關係。處女座將自己難以踏出的「第一步」交給牡羊座，牡羊座遇到不擅長的複雜或矛盾情況時，處女座能在這樣的狀態下建立一個和緩的情境讓牡羊座順利通過。

金牛座與處女座同屬於土象星座。

由於他們基本的價值觀一致，應該比較容易溝通彼此的想法吧。金牛座穩重安定的步伐支撐著處女座不安定的主軸。由於金牛座擁有某種直線的感性，應該有助於處女座的柔軟與纖細。

只是，這樣的組合過於追求安全與穩定性，可能少了一些刺激。

雙子座與處女座同樣受到水星守護，都屬於理性的人。

這兩個星座同屬變動宮，共通點是非常注意小細節、擁有旺盛的好奇心，能同時處理好幾件事情。只是，雙子座在觀念上比較傾向於道理，光是「我懂了」，就會使雙子座感到滿足。但是處女座光是「懂了」還不夠，「能夠做到」更重要。因此他們對於雙子座的感性可能感到不滿。由於這兩個星座都喜歡對話，就算發生問題，也能夠在討論中認同彼此的不同點並且互相調整。

巨蟹座與處女座是和緩而協調的星座。

巨蟹座是水象星座，處女座是土象星座，他們容易形成處女座的器皿容納巨蟹座的水那樣的關係。處女座會自然地支持巨蟹座激烈的情感或活躍的行動力，也會被捲入其中。他們的共通點是不會認眞思考，也不會被道理所束縛。雖然容易產生「默契」的關係，但如果巨蟹座的主體性與處女座的被動性都過度堅持的話，有時候也會產生嚴重的隔閡。

獅子座與處女座的組合幾乎沒有共同點。

不過，「自尊心太強」這點倒是一樣的。獅子座在面對旗鼓相當的處女座對手時，彼此間的差距反而是有效的結合。不過，萬一獅子座察覺不到處女座的傲氣，或者處女座提供的尖銳意見傷了獅子座的自尊心，雙方的關係一下子就會出現裂痕。在處女座眼中，獅子座天眞的自我表現是自以爲是的想法。不過，如果兩邊都能夠仔細地感覺彼此內在的熱情或細心，也可能會產生緊密的連結。

天秤座與處女座也是幾乎沒有共通點的配對組合。

只是，他們的觀察力這點一致。無論是處女座或天秤座，都非常關心自己眼前的「對象」，也非常仔細地觀察對方的狀態。處女座會說出他們分析的結果或觀察內容，天秤座則多半會默默思考直到做出結論。因此，他們需要花很多時間才會發現彼此間的相似點。這個配對也是一樣，認同對方的自尊非常重要。

天蠍座與處女座是和睦的組合。

這兩個星座的探索心與「深度」類似。他們的組合幾乎就是「溫和」這個詞彙的表現。容易受傷與眞心關懷是兩者的共通點，同時他們也都無法做出形式上的敷衍。

只是，處女座就算感覺到憤怒或悲傷，他們的「急性發作期」也結束得早。與此相比，天蠍座的強烈情緒則會一直持續，這是兩者的不同點。還有，天蠍座一旦覺得對方是親密的朋友，那些平常只能隱密談論的主題，如死亡、性或是金錢等都能夠公開談論。處女座並不是不喜歡談論這類主題，只是他們探討的方式有些不同。如果說處女座是「靠聽增長知識」的類型，那麼天蠍座就是透過實踐成長的類型。從處女座的角度看天蠍座，或許經常會覺得天蠍座「有點衝過頭」或是「過度」。

射手座與處女座同屬於變動宮的星座。

對於變化感覺敏銳，「判斷潮流、順應潮流」這點非常類似。兩者都不太會從一開始就埋頭進行，是能夠有彈性地做出反應的人。處女座慎重，甚至有些悲觀。射手座則完全相反，既樂觀且喜好危險。只是，處女座具有不可思議的「得意忘形」，一旦這點與射手座的冒險心契合，兩者的合作就會達到最高潮。

由於彼此都會觀望對方的態度，所以雙方都較難踏出「第一步」。

摩羯座與處女座同樣是土象星座的組合。

兩者都充滿現實感，重視成果，也會評估實際成績。摩羯座較有氣勢也較活潑，處女座則是以柔軟的態度接受摩羯座。因此，如果兩者契合將能夠發揮驚人的機動力。如果沒有馬上看出成果，摩羯座就會放棄。不過，處女座的應對方式是慢慢地調整方法，持續進行。因此，最後他們會以合作的雙手確實獲得成果。

水瓶座與處女座幾乎沒有共通點。

雖說如此，他們的「批判精神」一致。他們不會囫圇吞棗地接受別人的意見，對於威權、組織與常識經常抱持著反抗心態。兩者的想法都非常獨特，尊重知性這點也相同。

水瓶座的知性是邏輯與思想，另一方面，處女座的知性則是實驗與分析。兩者在知性這點一致，不過支撐點卻不同。若能夠意識到這樣的不同點，雙方就能夠完美地補足彼此的不足。

雙魚座與處女座是非常溫柔的關係。

兩者對於他人都會保持深切溫柔且親密的態度。不以優先順序歸類事情，而是以看待生命的角度掌握事物這點也很類似。喜歡神祕事物、看不見的事物、藥效或魔法等也是共通點。另一方面，雙魚座喜歡讓別人看到他們的情感，但是處女座則不擅長顯露情感。另外，雙魚座全然接受神祕主義的思維，處女座則抱持懷疑，偏向實證主義。如果雙魚座的豐富情感與處女座的溫柔感覺互相妥協，將能建立非常完美的夥伴關係。

理解處女座的人

珍惜你的人清楚知道，你的所有行動都是源自於清澄地下水般的溫柔。

有時你感覺對於現實的不滿、缺乏自信、強烈的不安、怒氣、無力或是憂鬱等，這些都是因爲你纖細的感受力所致。重視你的人深知這點，而且也等待著這些情緒的變化。重視你的人知道，你說出口的話都只不過是你捕捉到世界樣貌的一小部分而已。

你說話尖酸刻薄是眞正想爲對方好之過於單純的善意表現，因此，你也沒有維護自己的想法，重視你的人明白這點。

眞正懂你的人不僅瞭解你不穩定的敏感，也瞭解你天生有的內在堅強。你或許不認爲自己很「堅強」，不過其實你比誰都堅強。你的堅強不是不會受傷的強壯或感受不到痛苦的強壯。其實你比誰都容易受傷，也感受得到神經暴露在外般的激烈痛楚。不過，雖然感受到這些痛苦，你卻仍然屹立不搖地大步邁出，這就是你的堅強。

瞭解你的堅強的那個人不會「因爲你很堅強」而置你於不顧。當他明白你的勇敢時，他會輕輕地攬住你的肩給予撫慰。

不會打擾具有創意並充滿探索心的你，從背後默默地、堅定地支持你，溫暖你的背的那個人，就是最重視你的人。

處女座的小孩

如果母親與小孩的個性截然不同，母親對於育兒可能會感到不安或是不斷以負面的角度批評孩子。因此瞭解母親與孩子的個性差異非常重要。

但是依賴「占星術」瞭解孩子絕非好事。因爲這樣可能會在無意識中將小孩的可能性、個性與適性定型。建議除了實際觀察之外，其他任何分析「孩子的屬性」的方法都應該避免。

此外，占星術認爲分析小孩的個性不是看太陽星座，而是根據月亮或是金星而定。所以，比起太陽星座，孩童時期月亮星座的色彩較爲濃厚，同時也顯現純樸的狀態。

母親的月亮星座經常像鏡子一樣反映出孩子的特質。星座命盤當中，「月亮星座」同時象徵「母親」與「童年」。

請務必瞭解上述的前提之後，再來參考以下關於處女座的孩子容易出現的特色。請大家要明白以下的說明可能只有極少部分符合，也有可能完全不準。

每個孩子都有其獨特的個性。

希望大家都能夠明白，孩子的個性不是光靠占星術就能瞭解。

處女座的小孩大部分都很好管教。認眞，聽話，有大人樣，機靈。他們通常都很想學東西，也能夠學得很好。

處女座的小孩能夠學會特殊技能，對於特定的主題表示強烈的關心。不過，他們也不會因爲這樣的關係就無法學會其他事情。

神經質，膽小，有時候也會表現出想像不到的勇敢。因此，總結來說就是個「好孩子」。

由於處女座的小孩會敏感地察覺父母或老師等身邊大人的期待，爲了迎合這樣的期待，他們會過度勉強自己而養成不可思議的癖好。由於他們很聽話，父母最好避免把他們當成大人看待。切記，再怎麼有大人樣，孩子畢竟是孩子。一定要注意，不要在不知不覺當中加重孩子所能負荷的精神負擔。

反過來說，處女座的小孩也有非常孩子氣的部分，非常忠於自己的感性。由於他們隨著成長會產生強烈的變化，父母最好不要一味地認定「他就是這樣的小孩」。

處女座的小孩五感發達，對身體舒適度感覺敏銳；除了讓他們自己處理身邊事物，同時也要關心他們所處的狀況。讓他們瞭解天生就擅長手工藝或「作業」的特點，應該會有幫助。

未來

這裡稍微預言一下處女座「未來」的運勢。

二〇一五年到二〇一六年左右是大幅改變自我形象的轉捩點。無論公私方面都會發生明顯變化。這段期間也是為未來十二年播下幸運種子的好時機。

二〇一七年秋天到二〇一八年秋天會產生學習的念頭。透過外出旅行或各種體驗能夠磨練自己的知性能力。

二〇一八年冬天到二〇一九年可能會有搬家等環境變化的機會。家族成員可能會增加。

到了二〇二〇年以後，處女座會以「愛」爲人生最大課題而發光發熱。這個「愛」是非常廣義的「愛」，戀愛當然也包含其中，不過其他也包含創造、享樂或是育兒等方面的愛。

處女座自二〇二〇年起數年，將會以「衷心想做的事」爲主題而進入改革期。

結語

有人說：「我不相信占星術。」

這種說法，就兩方面而言是正確的。

首先，至少目前並沒有任何根據足以相信占星術。許多學者試圖以「科學方式」證明占卜的正確性，但是目前沒有任何事實顯示「占卜已經獲得科學的證明」。我們活著唯一可依靠的就是自己的理性。人類具備感情、潛意識以及本能等各種功能，不過，避免這些功能暴衝、怠惰，引導至善與美的力量就是理性。「相信」無法透過理性的力量定義「正確」的占星術，如同字面所示，這是不合理的。

另一方面，「不相信占星術」還有另一個正當理由。

這是因爲若不這麼說，「占卜」就會失去效力。

就如同吸血鬼畏懼陽光，幽靈不會在白天出現一般，「不可知的事物」對於人類而言是位於與日常生活有點距離的黑暗之中。也正因如此，「不可知的事物」向人心傳送夢想與幻想，維持人類的生命力。

人類所認識的世界分爲「已知的世界」、「未知的世界」以及「絕對無法得知的世界」。科學思考只承認「已知的世界」與「未知的世界」，但是自古以來，我們的心靈卻堅信「絕對無法得知的世界」是存在的。

在那個「絕對無法得知的世界」裡，神明、妖精、妖怪、衆多魔法與儀式生氣蓬勃地活躍著。但是我們認定這一切是「非現實」而加以否定，隱藏傳說的世界，所以我們只會偶爾在祭典或劇場中遇到。

這本書也屬於所謂「妖精的世界」。

我們白天時一邊批評「那種非現實的東西，相信的人眞奇怪」，但是夜裡卻一個人偷偷地研究魔法以獲得生命的力量。我也在內心中偷偷地期盼這本書能夠成爲大家的「祕密基地」。

太陽星座查詢表

（1930 年～ 2013 年 / 台灣時間）

太陽進入處女座的時間整理如下。
在此時間以前爲獅子座，在此時間之後爲天秤座。

誕生年	進入處女座的時間
1948	8/23 14:02~9/23 11:20
1949	8/23 19:48~9/23 17:04
1950	8/24 01:23~9/23 22:43
1951	8/24 07:16~9/24 04:36
1952	8/23 13:02~9/23 10:22
1953	8/23 18:45~9/23 16:05
1954	8/24 00:35~9/23 21:54
1955	8/24 06:18~9/24 03:39
1956	8/23 12:14~9/23 09:34
1957	8/23 18:07~9/23 15:25
1958	8/23 23:46~9/23 21:08
1959	8/24 05:43~9/24 03:07
1960	8/23 11:34~9/23 08:57
1961	8/23 17:18~9/23 14:41
1962	8/23 23:12~9/23 20:35
1963	8/24 04:57~9/24 02:22
1964	8/23 10:51~9/23 08:16
1965	8/23 16:43~9/23 14:05

誕生年	進入處女座的時間
1930	8/24 05:25~9/24 03:35
1931	8/24 11:09~9/24 08:22
1932	8/23 17:05~9/23 14:14
1933	8/23 22:52~9/23 19:59
1934	8/24 04:32~9/24 01:44
1935	8/24 10:24~9/24 07:37
1936	8/23 16:10~9/23 13:25
1937	8/23 21:58~9/23 19:12
1938	8/24 03:46~9/24 00:59
1939	8/24 09:30~9/24 06:48
1940	8/23 15:28~9/23 12:44
1941	8/23 21:17~9/23 18:32
1942	8/24 02:58~9/24 00:16
1943	8/24 08:55~9/24 06:10
1944	8/23 14:46~9/23 12:00
1945	8/23 20:35~9/23 17:48
1946	8/24 02:26~9/23 23:40
1947	8/24 08:08~9/24 05:28

誕生年	進入處女座的時間
1990	8/23 17:21~9/23 14:55
1991	8/23 23:13~9/23 20:46
1992	8/23 05:10~9/23 02:42
1993	8/23 10:51~9/23 08:22
1994	8/23 16:44~9/23 14:19
1995	8/23 22:35~9/23 20:12
1996	8/23 04:23~9/23 01:59
1997	8/23 10:20~9/23 07:55
1998	8/23 16:00~9/23 13:37
1999	8/23 21:52~9/23 19:31
2000	8/23 03:50~9/23 01:27
2001	8/23 09:28~9/23 07:04
2002	8/23 15:17~9/23 12:55
2003	8/23 21:08~9/23 18:46
2004	8/23 02:54~9/23 00:29
2005	8/23 08:46~9/23 06:23
2006	8/23 14:23~9/23 12:03
2007	8/23 20:08~9/23 17:50
2008	8/23 02:02~9/22 23:43
2009	8/23 07:39~9/23 05:18
2010	8/23 13:28~9/23 11:09
2011	8/23 19:21~9/23 17:04
2012	8/23 01:07~9/22 22:49
2013	8/23 07:02~9/23 04:44

誕生年	進入處女座的時間
1966	8/23 22:18~9/23 19:43
1967	8/24 04:12~9/24 01:37
1968	8/23 10:03~9/23 07:25
1969	8/23 15:43~9/23 13:05
1970	8/23 21:34~9/23 18:58
1971	8/24 03:15~9/24 00:43
1972	8/23 09:03~9/23 06:32
1973	8/23 14:54~9/23 12:21
1974	8/23 20:29~9/23 17:58
1975	8/24 02:24~9/23 23:54
1976	8/23 08:18~9/23 05:47
1977	8/23 14:00~9/23 11:28
1978	8/23 19:56~9/23 17:24
1979	8/24 01:46~9/23 23:15
1980	8/23 07:41~9/23 05:07
1981	8/23 13:38~9/23 11:04
1982	8/23 19:16~9/23 16:46
1983	8/24 01:07~9/23 22:40
1984	8/23 07:00~9/23 04:31
1985	8/23 12:36~9/23 10:06
1986	8/23 18:25~9/23 15:58
1987	8/24 00:10~9/23 21:44
1988	8/23 05:54~9/23 03:28
1989	8/23 11:46~9/23 09:19

命理與人生
CBC0137

認識眞正的你—處女座

作者—石井緣
繪者—須藤碧悟
譯者—戴偉傑
責任編輯—楊佩穎
台灣版美術設計—徐小碧
校對—楊佩穎、吳美滿
執行企劃—張燕宜、林倩聿
董事長—趙政岷
總經理—
總編輯—余宜芳

眞正的你—處女座 /
緣著 ; 戴偉傑譯 . --
. -- 臺北市 : 時報文
2014.10
;　公分 . -- (命理
生 ; CBC0137)
N 978-957-13-6043-0
裝)

星術

22　　103015287

出版者—時報文化出版企業股份有限公司
（一〇八〇三）台北市和平西路三段二四〇號四樓
發行專線—（〇二）二三〇六—六八四二
讀者服務專線—〇八〇〇—二三一—七〇五
（〇二）二三〇四—七一〇三
讀者服務傳眞—（〇二）二三〇四—六八五八
郵撥—一九三四四七二四時報文化出版公司
信箱—台北郵政七九～九九信箱
時報悅讀網—www.readingtimes.com.tw
電子郵件信箱—ctliving@readingtimes.com.tw
時報出版臉書—https://www.facebook.com/readingtimes.fans
時報出版生活線臉書—http://www.facebook.com/ctgraphics
法律顧問—理律法律事務所　陳長文律師、李念祖律師
印　刷—盈昌印刷有限公司
初版一刷—二〇一四年十月三日
定　價—新台幣二二〇元
行政院新聞局局版北市業字第八〇號

Virgo